emoji™
THE ICONIC BRAND

NÄHEN

Genähte Emojis für jede Stimmungslage

INHALT

VORWORT

Emoji – ein  !

es ist endlich an der ⏰ , dass die beliebtesten Ideogramme
der digitalen 🌍 einen ✉ erhalten – die Emojis.
Emoji: 5️⃣ kleine 🔤 , hinter denen sich unzählige 💭
und ↔️ verbergen. Von ☀️ bis 🌙 sind sie für uns da, um
unsere 💬 zu verschönern und anderen zu veranschaulichen,
wenn wir 😁 , 😢 oder 😠 sind, wenn es uns 🤮 geht
oder wir uns wie ein ausgelassenes 🦄 unterm 🌈 fühlen.
Wenn wir von der 🌍 nichts mehr 🙉 wollen oder wir
unsere ❤️ -wünsche verbreiten möchten, helfen sie uns
mit einem 🖱️ , es allen zu 👄 . Und ganz nebenbei versetzen
sie uns mit ihrer 😎 Art immer in 🤪 Laune.
Danke, Emojis, dass ihr unsere 💬 so 🥴 und unsere 📱
so bunt macht! Mit etwas 🐷 bekommen wir zukünftig noch
viel mehr von euch zu 👀 .

love love

love

LIEBE IST...

GRÖSSE: ø 30 cm

MATERIAL:

nickistoff in gelb. 35 cm x 70 cm # filz in schwarz. 20 cm x 10 cm # filz in weiß. 5 cm x 20 cm # filz in rot. 15 cm x 20 cm # vlieseline h 250. 35 cm x 35 cm # vliesofix. 15 cm x 40 cm # füllwatte. 250 g # passendes nähgarn

ZUSCHNITT:

alle teile für die applikationen gemäß vorlage ohne nzg. übrige teile gemäß schnitt zuschneiden. dabei rundum je 1 cm nzg zugeben # vorder-/rückteil 2x aus nickistoff und 1x aus vlieseline (vlieseline lt. herstelleranleitung auf die linke stoffseite der vorderseite bügeln) # applikationen: vorlagen auf vliesofix-papierseite aufzeichnen. grosszügig ausschneiden. auf die linken stoffseiten bügeln und exakt ausschneiden: 2x herzaugen aus filz rot. 1x mund aus filz schwarz. 1x zähne aus filz weiß. 1x zunge aus filz rot

SCHNITTMUSTERBOGEN 4A

papierträger vom vliesofix abziehen und das gesicht gemäß schnitt mit geradstichen wie folgt auf das vorderteil applizieren: zuerst mund und herzaugen, dann zähne und zunge auf den mund.

wie aufregend – schon fast fertig.

ja, nur noch kissen wenden, mit füllwatte ausstopfen und die öffnung mit handstichen schließen.

mit dem herzen sieht man besser.

hach! ich lieeeeebe dieses kissen!

rückteil und vorderteil rundum r-a-r zusammen-nähen, dabei an der unterseite eine ca. 10 cm lange öffnung lassen.

TOP ODER FLOP?

GRÖSSE: ca. 15 cm x 11 cm

MATERIAL:

filz in orange oder graumelange, je 20 cm x 35 cm # baumwollschrägband in gelb, 2 cm breit, 40 cm lang und in petrol, 2 cm breit, 6 cm lang oder: baumwollschrägband in dunkelblau-weiß-grau-orange kariert, 2 cm breit, 46 cm lang # 2 karabinerhaken in silber oder altmessing, 10 mm x 38 mm # füllwatte, rest # passendes nähgarn

ZUSCHNITT:

teile gemäß schnitt ohne nzg zuschneiden. # vorder-/rückteil 1x und 1x gegengleich in filz orange oder graumelange # baumwollschrägband, 1x 6 cm und 1x 34 cm lang bzw. 2x 6 cm und 1x 34 cm lang

SCHNITTMUSTERBOGEN 2B

den **daumen in orange** macht man so: je 6 cm baumwollschrägband in petrol und gelb an beiden längskanten knappkantig zusammen- bzw. absteppen, band mittig zu schlaufen umlegen und gemäß schnittmarkierungen r-a-l an das vorderteil nähen.

an den schlaufen kann man dann später den karabinerhaken einhängen?

ja, ganz genau. als nächstes das lange baumwollschrägband in gelb an beiden längskanten ebenfalls knappkantig zusammen- bzw. absteppen, karabinerhaken durchziehen, band mittig umlegen und 1,5 cm unterhalb des karabinerhakens quer über das band steppen. den 2. karabinerhaken am anderen ende einfädeln, band ca. 1,5 cm umschlagen und feststeppen.

okay, das sieht schon gut aus.

vorderteil und rückteil l-a-l stecken und knappkantig, bis auf eine kleine öffnung zum ausstopfen zusammensteppen. vordere hand für die finger leicht mit füllwatte stopfen, die finger absteppen.

die linien dafür sind ja auf dem schnitt eingezeichnet.

dann daumen und untere hand mit füllwatte ausstopfen und öffnung fertig zunähen.

daumen hoch! schon fertig! und wie mache ich den **anhänger in graumelange**?

fast genau gleich. baumwollschrägbänder an beiden längskanten knappkantig zusammen- bzw. absteppen, kurze bänder mittig zu schlaufen umlegen und gemäß schnittmarkierungen r-a-l an das vorderteil nähen.

an einer schlaufe kannst du später den karabinerhaken einhängen.

langes baumwollschrägband an beiden längskanten ebenfalls knappkantig zusammen- bzw. absteppen, karabinerhaken durchziehen, band mittig umlegen und 1,5 cm unterhalb des karabinerhakens quer über das band steppen. den 2. karabinerhaken am anderen ende einfädeln, band ca. 1,5 cm umschlagen und feststeppen.

und ab jetzt einfach wie beim orangefarbenen daumen weitermachen. stimmt's?

top

flop

hihi
lach
haha

BITTE LÄCHELN

GRÖSSE: ø ca. 40 cm

MATERIAL:
baumwollfrottier in gelb, 50 cm x 90 cm # vlieseline h 250, 50 cm x 90 cm #
filz in schwarz, 10 cm x 15 cm # reißverschluss in gelb, 30 cm lang #
schaumstoffkissen rund, ca. 3 cm hoch, ø 40 cm # passendes nähgarn # trickmarker

ZUSCHNITT:
die augen für die applikationen gemäß vorlage ohne nzg, vorder-/rückteil gemäß schnitt, dabei
rundum je 1 cm nzg zugeben # vorderteil 1x und rückteil 1x im stoffbruch aus baumwollfrottier
und vlieseline (vlieseline lt. herstellerangabe auf die linke stoffseite von vorder- und rückteil
bügeln) # applikationen: vorlage 2x auf vliesofix-papierseite aufzeichnen, grosszügig ausschneiden,
auf die linke stoffseite bügeln und exakt ausschneiden, augen: 2x aus filz schwarz

SCHNITTMUSTERBOGEN 3A + 4A

zuerst das gesicht machen: papierträger vom vliesofix abziehen und die augen mit geradstichen gemäß schnitt auf das vorderteil applizieren. mund gemäß schnitt mit dem trickmarker aufzeichnen und mit einem zierstich der nähmaschine aus schwarzem garn nachnähen.

durch den reißverschluss kannst du später das schaumstoffkissen schieben.

rückteil und vorderteil r-a-r zusammennähen und sitzkissen durch die öffnung vom reißverschluss wenden.

probiere vorher aus, welcher zierstich dir dazu am besten gefällt!

...dann noch das schaumstoffkissen einschieben, und schon wird es gemütlich.

gute idee! dann in der mitte vom rückteil einen 30 cm langen schlitz einschneiden. schlitzkanten mit engen zickzackstichen versäubern. reißverschluss unter die schlitzkanten nähen, den reißverschluss etwas offen lassen.

huiii

VOM ANDEREN STERN 👽

GRÖSSE: ca. 38 cm x 40 cm

MATERIAL:

sweatstoff in hellgrau meliert. 45 cm x 85 cm # baumwollstoff in schwarz. 15 cm x 30 cm # baumwollstoff in grau mit pünktchen. 10 cm x 7 cm # vlieseline h 250. 45 cm x 85 cm # füllwatte. ca. 200 g # vliesofix. 15 cm x 30 cm # passendes nähgarn

ZUSCHNITT:

teile gemäß schnitt zuschneiden. dabei rundum zusätzlich 1,5 cm nzg zugeben. an den teilen für das gesicht wird keine nzg benötigt # vorder-/rückteil je 2x aus sweatstoff und aus vlieseline. vlieseline auf die linken stoffseiten von vorder-/rückteil lt. herstelleranleitung bügeln # applikationen: vorlagen auf vliesofix-papierseite aufzeichnen. grosszügig ausschneiden. auf die linken stoffseiten bügeln und exakt ausschneiden: auge 1x und 1x gegengleich schwarz. pupille 1x und 1x gegengleich grau mit pünktchen. mund 1x schwarz

SCHNITTMUSTERBOGEN 1A

augen und mund gemäß schnitt auf dem vorderteil fixieren und mit zickzackstichen applizieren. dazu eine jerseynadel verwenden!

am besten nicht zu schnell nähen, damit sich der dehnbare stoff beim arbeiten nicht verzieht!

mit der jerseynadel lässt sich der leicht dehnbare sweatstoff besser zusammennähen. die pupillen appliziere ich gleich auch noch.

die nzg auf 0,5 cm kürzen und an den rundungen bis knapp an die nahtlinien einschneiden. wenden, mit füllwatte ausstopfen und anschließend von hand die wendeöffnung schließen.

als nächstes vorder-/rückteil r-a-r aufeinanderlegen und zusammennähen. seitlich des mundes mit dem zusammensteppen beginnen und eine wendeöffnung von ca. 10 cm stehen lassen.

kuschelalarm!

ZUM REINLEGEN!

GRÖSSE: ø 44 cm

MATERIAL:

nickistoff in hellbraun, 50 cm x 105 cm # nickistoff in hellrosa, 50 cm x 50 cm # vliesofix, 50 cm x 50 cm # füllwatte, ca. 250 g # passendes nähgarn und nähgarn in pink

ZUSCHNITT:

den zuckerguss für die applikation gemäß vorlage ohne nzg, vorder-/rückteil gemäß schnitt, dabei rundum je 1 cm nzg zugeben # vorder-/rückteil 2x hellbraun, dabei den mittelkreis ausschneiden und hier ebenfalls 1 cm nzg stehen lassen # applikation: vorlage auf vliesofix-papierseite aufzeichnen, grosszügig ausschneiden, auf die linke stoffseite bügeln und exakt ausschneiden, zuckerguss: 1x hellrosa

SCHNITTMUSTERBOGEN 1A + 2A

zuerst den papierträger von der zuckergussapplikation abziehen und gemäß vorlage auf das vorderteil applizieren.

mhm, das sieht ja schon lecker aus! und die streusel?

die nähst du mit pinkem garn wild durcheinander mit zickzackstichen auf.

je mehr streusel du aufnähst, desto süßer wird der donut.

dann vorder-/rückteil genau aufeinander legen, feststecken, entlang der äußeren linie zusammennähen und wenden. nun den inneren rand von rechts mit zickzackstichen zusammennähen, dabei lässt du eine öffnung von ca. 10 cm stehen.

jetzt fehlt noch die füllung!

donut mit füllwatte ausstopfen und anschließend die öffnung schließen. überstehende nzg abschneiden.

naschkatzen gesucht!

lecker

mjamm

lecker

TOTAL VERLIEBT

GRÖSSE: ø 50 cm

MATERIAL:

canvas in sonnengelb, 55 cm x 110 cm # baumwollstoff in rot mit weißen herzchen, 35 cm x 85 cm # baumwollstoff in schwarz, 40 cm x 15 cm # baumwollstoff in weiß, 45 cm x 5 cm # baumwollstoff in rot, 15 cm x 50 cm # vlieseline h 640, 35 cm x 85 cm # vliesofix, 20 cm x 90 cm # reißverschluss in rot, ca. 45 cm lang # stylefix klebeband, 2x 45 cm lang # passendes nähgarn # 2 kisseninletts, ø 50 cm

ZUSCHNITT:

alle teile für die applikationen gemäß vorlage ohne nzg. vorder-/rückteil gemäß schnitt zuschneiden, dabei rundum je 1 cm nzg zugeben. seitenteile sind inklusive 1 cm nzg angegeben # vorder-/rückteil 2x sonnengelb # seitenteil: 2 streifen 17 cm x 81 cm rot mit weißen herzchen und 2x aus vlieseline (vlieseline auf die linken stoffseiten der streifen bügeln) # applikationen: vorlagen auf vliesofix-papierseite aufzeichnen, grosszügig ausschneiden, auf die linken stoffseiten bügeln und exakt ausschneiden: herzaugen 2x rot, lichtreflexe herzaugen 2x weiß, mund 1x schwarz, zähne 1x weiß, zunge 1x rot

SCHNITTMUSTERBOGEN 1A + 2A

zuerst das gesicht applizieren: papierträger vom vliesofix abziehen, zuerst herzaugen und mund auf vorderteil applizieren, dann zähne und zunge auf mund, zum schluss lichtrelfexe auf die herzaugen.

ach, das wird herzallerliebst! ich nähe dann schon mal die seitenteile an einer schmalen seite zusammen.

korrekt! auf die rückseite des seitenteils eine linie von 45 cm zeichnen. ca. 1-2 mm von der linie entfernt je eine linie enge zickzackstiche aufnähen. mittig zwischen den zickzackstichlinien einschneiden, die kanten knapp nach innen einschlagen und bügeln. reißverschluss mit stylefix klebeband auf der

rückseite des seitenteils befestigen und mit rotem nähgarn feststeppen.

dann ist das schwierigste ja schon geschafft.

ja, jetzt nur noch seitenteile zur rundung zusammennähen, seitenteil und vorderteil r-a-r zusammennähen, reißverschluss öffnen. nun das rückteil genauso mit dem seitenteil verbinden und das kissen wenden.

jetzt fehlt noch ein weiches innenleben zum kuscheln. durch den offenen reißverschluss schiebe ich mal die inletts rein. Dann machen wir es uns gemütlich!

love love

hamham

LECKER LUNCHBAG

MATERIAL:

wachstuch in hellblau mit weißen punkten (stoff a). 85 cm x 26 cm # wachstuch in rot-weiß kariert (stoff b).
15 cm x 75 cm # baumwollstoff in weiß (stoff c). 20 cm x 25 cm # baumwollstoff in hellgrün mit pünktchen (stoff d).
20 cm x 25 cm # baumwollstoff in rot (stoff e). 12 cm x 7 cm # baumwollstoff in hellgrün (stoff f). 10 cm x 10 cm #
baumwollstoff in dunkelgrün (stoff g). 8 cm x 6 cm # klettband (haken- und flauschband) in hellblau. 7 cm lang #
vliesofix. 25 cm x 50 cm # passendes nähgarn

ZUSCHNITT:

alle teile für die applikationen gemäß vorlage ohne nzg. übrige teile lt. nachfolgenden angaben inkl. 1 cm nzg #
vorder-/rückteil: 1 rechteck. 24 cm x 81.5 cm aus stoff a # 2 rechtecke. 35.5 cm x 13 cm aus stoff b #
applikationen: vorlagen auf vliesofix-papierseite aufzeichnen. grosszügig ausschneiden. auf die linken stoffseiten
bügeln und exakt ausschneiden: großes oval 1x aus stoff d. oval 1x aus stoff c. kirschenpaar 1x aus stoff e.
stiele 1x aus stoff f. blatt 1x aus stoff g. kirschflecken je 1x aus stoff c

SCHNITTMUSTERBOGEN 1B

zuerst das motiv applizieren: papierträger vom vliesofix abziehen, das oval aus stoff e mittig auf das oval aus stoff d, dann auf das oval c gemäß schnitt zuerst die stiele, dann das blatt sowie das kirschen-paar. bei der linken kirsche läuft der untere teil des stiels unter der frucht, bei der rechten kirsche über der frucht. zuletzt die kirschflecken auf die früchte nähen. nun das oval d mit dem kirschenpaar mittig auf das vorderteil applizieren.

die stichgrösse aber beim applizieren des ovals d nicht zu klein wählen, damit das wachstuch nicht zu sehr perforiert wird.

an das vorder-/rückteil die klettverschlüsse nähen, dabei an das vorderteil das hakenband mittig 2 cm vom oberen rand entfernt nähen, das flauschband mittig entsprechend an das rückteil nähen.

damit kann man den lunchbag verschließen.

rechtecke b mit der kurzen seite mittig r-a-r an die längsseiten des blauen wachstuchs nähen, dabei die nzg am nahtanfang und -ende offen lassen. es ent-steht eine kreuzform.
die längsseiten mit den jeweils nebenliegenden sei-tenteilen r-a-r zusammensteppen, dabei die nzg am nahtanfang und -ende ebenfalls offen lassen. somit entstehen perfekte ecken.

kann ich ein paar kirschen aus nachbars garten pflücken?

tasche wenden und mit dem klettverschluss schließen.

na dann – guten appetit!

quaaak quaaak

KÜSS MICH 🐸

GRÖSSE: 39 cm x 31 cm

MATERIAL:

nickistoff in grün (stoff a). 45 cm x 40 cm # baumwollstoff in hellgrün mit pünktchen (stoff b). 45 cm x 40 cm # baumwollstoff in schwarz (stoff c). ca. 15 cm x 85 cm # baumwollstoff in rot (stoff d). ca. 5 cm x 15 cm # baumwollstoff in gelb (stoff e). ca. 5 cm x 25 cm # baumwollstoff in weiß (stoff f). ca. 5 cm x 5 cm # baumwollstoff in dunkelgrün (stoff g). ca. 5 cm x 5 cm # vliesofix. ca. 15 cm x 90 cm # füllwatte. ca. 150 g # passendes nähgarn

ZUSCHNITT:

alle teile für die applikationen gemäß vorlage ohne nzg. vorder-/rückteil gemäß schnitt zuschneiden. dabei rundum 1.5 cm nzg zugeben # vorder-/rückteil je 1x aus stoff a und b # applikationen: vorlagen auf vliesofix-papierseite aufzeichnen. grosszügig ausschneiden. auf die linken stoffseiten bügeln und exakt ausschneiden: auge 2x aus stoff c. pupille 2x aus stoff e. nasenloch 2x aus stoff g. mund 1x aus stoff c. zunge 1x aus stoff d. lichtreflexe auge 2x aus stoff f

SCHNITTMUSTERBOGEN 2A

papierträger vom vliesofix abziehen und die teile wie folgt applizieren: gesicht gemäß schnitt auf dem vorderteil, zuerst augen, mund und nasenlöcher auf das vorderteil, dann zunge auf den mund, pupille und lichtreflexe auf die augen.

> bitte verwende dazu eine jerseynadel – damit geht das nähen leichter.

dann vorder-/rückteil r-a-r aufeinanderlegen und zusammennähen, aber an der unterseite ein ca. 10 cm langes stück zum wenden offen lassen.

> ich kürze schon mal die nzg auf ca. 0,5 cm und schneide die ecken ein.

dann kannst du das kissen wenden und mit füllwatte ausstopfen. die wendeöffnung von hand schließen.

> prinzessin meiner träume, küss mich endlich!

THE POWER OF LOVE

GRÖSSE: ø ca. 16 cm

MATERIAL:

fester stoff in gelb (feincord oder gabardine). 40 cm x 20 cm # filz in schwarz. 10 cm x 25 cm # filz in weiß. 5 cm x 10 cm # filz in rot. 15 cm x 30 cm # vliesofix. 15 cm x 40 cm # reißverschluss in schwarz. 20 cm lang # baumwollschrägband in gelb. 2 cm breit. 40 cm lang # karabinerhaken in silber. 20 mm x 38 mm # füllwatte. rest # passendes nähgarn

ZUSCHNITT:

alle teile für die applikationen gemäß vorlage. filzherzteile gemäß schnitt jeweils ohne nzg. vorder- und rückteil gemäß schnitt zuschneiden. dabei rundum je 1 cm nzg zugeben. # vorder- und rückteil 2x gelb # herz-rückteil 2x filz rot # applikationen: vorlagen auf vliesofix-papierseite aufzeichnen. grosszügig ausschneiden. auf die linken stoffseiten bügeln und exakt ausschneiden. für die rückseite: ober- und unterlippe je 1x aus filz schwarz. auge offen und auge geschlossen je 1x aus filz schwarz. augenbrauen 2x aus filz schwarz. für die vorderseite: herzaugen 2x aus filz rot. mund 1x aus filz schwarz. zähne 1x aus filz weiß. zunge 1x aus filz rot

SCHNITTMUSTERBOGEN 1B

knutsch

zum start das gesicht wie auf dem schnitt applizieren: papierträger von den applikationen abziehen und ober- und unterlippe, augen und augenbrauen auf das rückrteil, herzaugen und mund auf das vorderteil, dann zähne und zunge auf den mund.

und für den anhänger?

ganz einfach: das baumwollschrägband an beiden längskanten knappkantig zusammen- bzw. absteppen, karabinerhaken durchziehen, mittig umlegen und 1,5 cm unterhalb des karabinerhakens quer über das band steppen.

ist das dann schon fertig?

fast – nähe das anhängerband gemäß schnitt r-a-r an das vorderteil.

geschafft – aber halt, es fehlt noch etwas, die herzen!

ich lege dann mal das angenähte band in die mitte des vorderteiles und fixiere dieses mit einigen stecknadeln. kommt jetzt der reißverschluss dran?

geht ganz einfach: filzherzen bis auf eine kleine öffnung l-a-l knappkantig zusammennähen, leicht mit füllwatte stopfen und fertig zunähen. herz laut foto mit einigen handstichen am rückteil fixieren.

ja, den nähst du r-a-r gemäß schnitt an vorder- und rückteil. öffne den reißverschluss etwas, damit du das täschchen später wenden kannst. vorderteil und rückteil r-a-r heften (anhängerband liegt innen zwischen vorder- und rückteil) und zusammennähen. nzg knapp zurückschneiden und täschchen wenden.

kann ich auch dein herz erobern?

hey

SO EIN MIST!

GRÖSSE: ø 50 cm. 60 cm hoch

MATERIAL:

cordstoff in braun (stoff a). 140 cm x 110 cm # cordstoff in braun gepunktet (stoff b). 140 cm x 70 cm # baumwollnessel in natur (stoff c). 140 cm x 180 cm # reißverschlüsse in braun. 40 cm. 30 cm. 25 cm und 16 cm lang # klettband (= haken- und flauschband) weiß. 2 cm breit. 120 cm lang # filz in schwarz. 20 cm x 20 cm # filz in weiß. 20 cm x 25 cm # filz in rot. 5 cm x 12 cm # styroporgranulat. ca. 2.5 kg # passendes nähgarn

ZUSCHNITT:

applikationen gemäß vorlage ohne nzg. kreise für boden und oberseiten gemäß schnitt. dabei rundum je 1 cm nzg zugeben. die streifen für die seitenteile sind inklusive je 1 cm nzg angegeben # boden und oberseitenkreis für kissen 1 und 3 je 2x aus stoff b und c. für kissen 2 und 4 je 2x aus stoff a und c # seitenteile je 1x aus stoff a und stoff c zuschneiden wie folgt: für kissen 1: 2 streifen 20 cm x 80 cm. für kissen 2: 1 streifen 17 cm x 126 cm. für kissen 3: 1 streifen 12 cm x 94 cm. für kissen 4: 1 streifen 12 cm x 63 cm # applikationen: vorlagen auf vliesofix-papierseite aufzeichnen. grosszügig ausschneiden. auf die linken stoffseiten bügeln und wie folgt exakt ausschneiden: mund 1x und pupillen 2x aus filz schwarz. zunge 1x aus filz rot. zähne 1x aus filz weiß # auge 2x aus filz weiß # klettband (haken- und flauschband). je 2 stücke à 2x 25 cm. 2x 20 cm und 2x 15 cm

SCHNITTMUSTERBOGEN 3B + 4B

zuerst für die kissenfüllungen 1-4 aus stoff c seitenteile an der kurzen kante zur rundung zusammennähen, dabei bei kissen 1 zuerst die beiden streifen an einer kurzen seite zusammennähen. boden und oberseitenteil jeweils r-a-r an die dazugehörigen seitenteile stecken und annähen, dabei an je einer seite ca. 10-15 cm zum wenden offen lassen. teile wenden. alle kissen mit granulat füllen.

nicht vergessen: die öffnungen mit handstichen schließen!

dann für kissen 1 die beiden streifen a an einer kurzen seite zusammennähen.

wo bleibt das gesicht?

jetzt das gesicht vorbereiten: papierträger von den applikationen abziehen und die teile gemäß vorlagen wie folgt applizieren: mund mittig auf den streifen a für kissen 1, dann zähne und zunge auf den mund. augen laut foto auf den streifen a von kissen 2, dann pupillen auf die augen.

keep smiling!

an kissen 1 wie folgt weiterarbeiten: seitenteil an den kurzen seiten zur rundung schließen. die 25 cm langen flauschbänder gemäß markierung auf das oberseitenteil nähen. oberseitenteil r-a-r an das seitenteil heften und annähen. Am boden mittig einen reißverschlussschlitz von 40 cm einschneiden. schlitzkanten mit engem zickzackstich versäubern und den 40 cm langen reißverschluss unternnähen. reißverschluss etwas öffnen. boden an das seitenteil heften und annähen. kissen wenden.

eines ist schon fertig ...

die beiden 25 cm langen hakenbänder entsprechend der oberseite von kissen 1 auf den boden von kissen 2 nähen. dann die 20 cm langem flauschbänder gemäß markierung auf das oberseitenteil nähen und kissen 2 wie kissen 1 fertig stellen, dabei den 30 cm langen reißverschluss verwenden.

die hälfte ist beendet, muss mich mal ausruhen.

die beiden 20 cm langen hakenbänder entsprechend der oberseite von kissen 2 auf den boden von kissen 3 nähen. dann die 15 cm langen bänder gemäß markierung auf das oberseitenteil nähen und kissen 3

wie kissen 1 fertig stellen, dabei den 25 cm langen reißverschluss verwenden.

bald ist es geschafft ...

die beiden 15 cm langen hakenbänder entsprechend der oberseite von kissen 3 auf den boden von kissen 4 nähen. dann das kissen 4 wie kissen 1 fertig stellen, dabei den 16 cm langen reißverschluss verwenden.

an dieser oberseite kein flauschband aufnähen!

kissenfüllungen in jedes kissen einziehen und durch die klettverschlüsse miteinander verbinden.

fertig, hurra.

bäääh

pfui

# AUFGEPUSTET

GRÖSSE: umfang ca. 34,5 cm

MATERIAL:

baumwollstoff in gelb, 30 cm x 110 cm # baumwollstoff in weiß, ca. 10 cm x 15 cm #
baumwollstoff in schwarz, rest # baumwollstoff in rot, ca. 10 cm x 20 cm # baumwollstoff in braun, rest #
vliesofix, ca. 10 cm x 30 cm # nähgarn orange und braun # trickmarker # luftballon

ZUSCHNITT:

alle teile für die applikationen gemäß vorlage ohne nzg, seitenteil und ober-/unterseite sowie zunge gemäß
schnitt zuschneiden, dabei rundum 1 cm nzg zugeben # seitenteil: 6x gelb # ober-/unterseite: 3x gelb #
applikationen: vorlagen auf vliesofix-papierseite aufzeichnen, grosszügig ausschneiden,
auf die linken stoffseiten bügeln und exakt ausschneiden: zunge: 1x und 1x gegengleich rot, großes und kleines
auge: je 1x weiß, große und kleine pupille: je 1x schwarz, augenbraue: 1x und 1x gegengleich braun

SCHNITTMUSTERBOGEN 1B

zunge r-a-r zusammennähen, dabei den oberen rand
zum wenden offen lassen. die nzg bis auf ca. 3-4 mm
zurückschneiden und an die rundungen bis knapp
an die nahtlinien einschneiden. am oberen rand nzg
wegschneiden. zunge wenden, glatt bügeln und
oben mit zickzackstichen schließen. mittig eine linie
steppen.

fertig. wie geht's weiter?

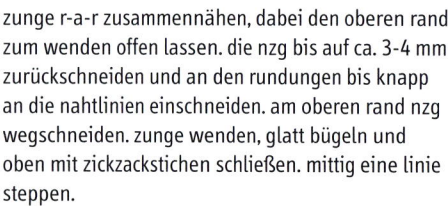

2 der sechsecke für die unterseite an der bruchlinie
falten und glatt bügeln. genau gegeneinander legen
und an der bruchlinie mit überwendlings- oder mat-
ratzenstichen zusammennähen – dabei in der mitte
eine ca. 5 cm große öffnung lassen.

durch diese öffnung kann man später den luftballon
einstecken.

papierträger vom vliesofix abziehen und auf 2 seitenteile die augen und augenbrauen bügeln und

applizieren. mit weißem garn lichtpunkte aufnähen.
für die luftballonhülle zunächst an jede seite des
sechsecks eine kurze seite eines seitenteiles
nähen, dabei die nzg am anfang und ende der nahtlinie offen lassen.

achte bitte darauf, dass die beiden teile mit den
augen in der richtigen reihenfolge nebeneinander
angebracht werden!

anschließend die anderen kurzen seiten der seitenteile genauso an das zusammengefügte sechseck
nähen.

jetzt musst du noch die gesamte hülle schließen.

dafür zuerst die beiden seitenteile mit den augen
zusammennähen, dabei wieder an jeder seite die
nzg am anfang und ende der nahtlinie offen lassen.
damit passen die teile exakt auf die ecken der sechsecke. dann die seitenteile 3 und 4 rechts und links
der augenteile annähen.

halt, den mund mit der zunge nicht vergessen!

nun noch die restlichen seitenteile schließen und
das erste mit dem letzten seitenteil verbinden.
einen luftballon in die hülle stecken und aufblasen.
los geht's!

richtig, jetzt den mund mit der zunge aufnähen!
mit dem trickmarker den mund aufmalen und mit
braunem und orangenem garn und zickzackstich
nachnähen. auf die anderen seitenteile der hülle
achten, sie dürfen nicht mit eingenäht werden.
zunge laut abbildung feststeppen.

tipp: im handel gibt es auch ganz große luftballons!
vergrößer die vorlage für die luftballonhülle ganz
nach belieben – ein ball im xxl-format macht allen
einen riesenspass!

freue mich schon auf das wilde spiel mit euch.

pffff

HÖLLISCHER SPASS

GRÖSSE: ø 30 cm

MATERIAL:

nickistoff in lila. 35 cm x 50 cm # baumwollstoff in violett. 35 cm x 50 cm # filz in schwarz. 20 cm x 20 cm # filz in weiß. 5 cm x 20 cm # filz in rot. 5 cm x 10 cm # stoff mit glanzeffekt in kupfer. 8 cm x 10 cm # vlieseline h 250. 35 cm x 45 cm # vliesofix. 10 cm x 40 cm # füllwatte. ca. 250 g # passendes nähgarn

ZUSCHNITT:

alle teile für die applikationen gemäß vorlage ohne nzg. übrige teile gemäß schnitt zuschneiden. dabei rundum je 1 cm nzg zugeben. # vorder-/rückteil 1x aus nickistoff. 1x aus baumwollstoff. 1x aus vlieseline (vlieseline lt. herstellerangabe auf die linke stoffseite des nickistoffs bügeln) # applikationen: vorlagen auf vliesofix-papierseite aufzeichnen. grosszügig ausschneiden. auf die linken stoffseiten bügeln und exakt ausschneiden: je 1x mund. augen und augenbrauen aus filz in schwarz. 1x zähne aus filz in weiß. 1x zunge aus filz rot. je 1x wimpern aus stoff mit glanzeffekt in kupfer

SCHNITTMUSTERBOGEN 4B

papierträger vom vliesofix abziehen und das gesicht gemäß schnitt mit geradstichen wie folgt auf das vorderteil applizieren: zuerst mund, augen und augenbrauen auf das vorderteil, dann zunge und zähne auf den mund, wimpern auf die augen.

so schnell geht das. wie macht man denn die hörner?

dafür je einen zuschnitt aus baumwollstoff und ni-ckistoff r-a-r an den aussenkanten zusammennähen, dabei die jeweils den unteren rand offen lassen. nzg knapp zurückschneiden, hörner wenden und mit füllwatte ausstopfen. offene kanten knappkantig zusammennähen.

huhu ... das sieht ja schon gut aus.

hörner jeweils mit dem unteren rand gemäß schnitt mit der nickiseite r-a-r an das vorderteil nähen. rück-teil r-a-r an das vorderteil heften, die hörner liegen innen zwischen vorder-/rückteil. rundum, bis auf eine ca. 10 cm lange öffnung an der unterseite zusammennähen.

wenn ich dann noch das kissen wende, ausstop-fe und die öffnung schließe ist es ja schon fertig. kuschelige angelegenheit!

harhar

 BACKPACK

GRÖSSE: 40 cm x 48 cm

MATERIAL:

baumwollstoff in gelb. 45 cm x 110 cm # baumwollstoff in hellgrün mit sternchen. 45 cm x 100 cm # baumwoll-stoff in schwarz. 8 cm x 16 cm # baumwollstoff in rot. 8 cm x 9 cm # baumwollkordel in gelb. 2x 160 cm # vliesofix. 20 cm x 20 cm # trickmarker # passendes nähgarn und nähgarn in weiß # sicherheitsnadeln

ZUSCHNITT:

augen und zunge gemäß vorlage ohne nzg. übrige teile lt. nachfolgenden angaben inkl. 1 cm nzg # aussenseite: 1 rechteck. 42 cm x 98 cm in gelb # schlaufen: 2 rechtecke. 6 cm x 7 cm in gelb # innenseite: 1 rechteck. 42 cm x 98 cm in hellgrün mit sternen # applikationen: vorlagen auf vliesofix-papierseite aufzeichnen. grosszügig ausschnei-den. auf die linke stoffseite bügeln und exakt ausschneiden: augen 1x und 1x gegengleich schwarz. zunge 1x rot

SCHNITTMUSTERBOGEN 3B

zuerst das große stoffrechteck in gelb an den schma-len seiten falten. 1. hälfte (= vorderseite), 2. hälfte (= rückseite). das gesicht applizieren: papierträger vom vliesofix abziehen, augen und zunge für das gesicht wie auf dem foto. pupillen und die muskel-faser der zunge wie auf dem foto mit weißem garn ebenfalls in engen zickzackstichen aufnähen. das gesicht ist fast fertig.

fehlen nur noch der mund und die äußere linie, ein-fach mit dem trickmarker aufmalen und mit schwar-zem garn in engen zickzackstichen nachnähen.

gelbe schlaufen-rechtecke der länge nach falten, bügeln und wieder aufklappen. die kanten zur mittel-linie hin falten, bügeln, zusammenklappen. längs-seiten knappkantig zussteppen. die so entstandenen schlaufenbänder dann mittig knicken und 5 cm vom unteren rand entfernt r-a-r an der vorderseite fest-steppen.
vorder- und rückseite r-a-r falten und für den tunnel 1x 1 cm und 1x 2,5 cm vom oberen rand je eine

markierung anbringen. seitennähte schließen, dabei die 1,5 cm zwischen den Markierungen frei lassen.

jetzt sieht es schon fast aus wie ein beutel.

innenseiten-rechteck genauso nähen, jedoch an ei-ner seitennaht zusätzlich ein ca. 10 cm großes stück zum wenden offen lassen.

wow, das klappt ja immer besser.

aussenbeutel und innenbeutel r-a-r ineinanderste-cken und den oberen rand zusammennähen. beutel auf rechts wenden. den oberen rand knappkantig und nochmals ca. 1,5 cm breit absteppen. offene sei-tennaht des innenbeutels schließen.

brauche noch eine kordel zum zusammenziehen!

durch den entstandenen tunnel am oberen rand die 1. baumwollkordel ziehen: dafür ein ende der kordel an einer sicherheitsnadel befestigen, von links nach

klick

rechts durch die vorderseite des beutels ziehen, von rechts nach links auf der rückseite mit der 2. kordel genau anders herum arbeiten. die enden der kordeln durch die schlaufen am unteren ende des beutels ziehen und verknoten.

fertig, auf geht's zum sport!

#

SCHUHGRÖSSEN: 37/38. 39/40. 41/42

MATERIAL:

baumwollfrottier in gelb. 50 cm x 70 cm # filz in schwarz. 15 cm x 20 cm # filz in weiß. 12 cm x 5 cm # filz in rot. 7 cm x 5 cm # aufbügelbares volumenvlies h 630. 50 cm x 70 cm # decovil light. 30 cm x 25 cm # vliesofix. 15 cm x 30 cm # baumwollschrägband in gelb. 2 cm breit. 1.7 m lang # textilsprühkleber # passendes nähgarn

ZUSCHNITT:

teile gemäß schnitt bzw. vorlagen ohne nzg # sohle je 2x und 2x gegengleich in gelb (= rechte und linke sohle) # sohle 1x und 1x gegengleich aus volumenvlies (volumenvlies lt. herstellerangaben auf die linken stoffseiten bügeln) # sohle 1x und 1x gegengleich aus decovil (decovil lt. herstellerangaben auf die linken stoffseiten bügeln) # oberteil 4x gelb # applikationen: vorlagen auf vliesofix-papierseite aufzeichnen. grosszügig ausschneiden. auf die linken stoffseiten bügeln und exakt ausschneiden: mund 2x schwarz. zähne 2x weiß. zunge 2x rot. augen offen 3x schwarz. auge geschlossen. 1x schwarz. augenbrauen 2x schwarz

SCHNITTMUSTERBOGEN 3A

zuerst mund, augen und augenbrauen applizieren, dann zähne und zunge jeweils auf den mund nähen. dafür den papierträger vom vliesofix abziehen und die teile gemäß schnitt mit geradstichen auf je ein oberteil nähen.

tipp, tapp, tipp, tapp... fast fertig!

oberteile jeweils auf die sohle heften, knappkantig zusammennähen und rundum mit baumwollschrägband einfassen.

zwinkerzwinker!

und dann kannst du gemütlich reinschlüpfen.

jeweils das 2. oberteil l-a-l rundherum knappkantig an das oberteil mit applikationen nähen. kurze kanten der oberteile mit baumwollschrägband einfassen. jeweils eine sohle mit decovil und eine sohle mit volumenvlies unterbügeln. beide teile mit sprühkleber l-a-l zusammenkleben. darauf achten, dass die sohle mit volumenvlies die innenseite des pantoffels bildet.

tapp tapp

tapp

 MUG RUGS

GRÖSSEN: ø 15.5 cm

material für alle drei mug rugs: # baumwollstoff in gelb, 20 cm x 120 cm # baumwollstoff in schwarz, ca. 15 cm x 50 cm # baumwollstoff in weiß, ca. 5 cm x 25 cm # baumwollstoff in rot, 3 cm x 12 cm # aufbügelbares volumenvlies h 630, 20 cm x 60 cm # vliesofix, 10 cm x 90 cm # passendes nähgarn # trickmarker

ZUSCHNITT:

alle teile für die applikationen gemäß vorlage ohne nzg, vorder-/rückteil gemäß schnitt, dabei rundum je 1 cm nzg zugeben # vorder-/rückteil pro mug rug je 2x gelb, 1x volumenvlies (volumenvlies lt. herstellerangabe auf die linke stoffseite der vorderteile bügeln) # applikationen: vorlagen auf vliesofix-papierseite aufzeichnen, grosszügig ausschneiden, auf die linken stoffseiten der vorderseiten bügeln und wie folgt exakt ausschneiden: für mug rug-sonnenbrille: mund und sonnenbrille je 1x schwarz, zähne 1x weiß, zunge 1x rot. für mug rug lachgesicht: augen 2x schwarz. für mug rug-schmollgesicht: mund und auge 1x schwarz. 3 verschiedene augenbrauen je 1x schwarz, zähne 1x weiß, zunge 1x rot

SCHNITTMUSTERBOGEN 2B

zuerst die gesichter applizieren: papierträger von den applikationen abziehen und die teile gemäß vorlage applizieren. mug rug **sonnenbrille:** zuerst mund und sonnenbrille, dann zähne und zunge. zuletzt die lichtpunkte auf sonnenbrille und zunge mit zickzackstichen und weißem nähgarn aufnähen.

und beim **smile-Emoji?**

zuerst die augen applizieren, dann mit dem trickmarker den mund aufmalen und mit zickzackstichen aus schwarzem nähgarn nachnähen. zuletzt mit weißem nähgarn die lichtpunkte in den augen mit weißem nähgarn aufnähen.

und der **schmollende Emoji,** wie mache ich es bei dem?

ganz ähnlich – mund, auge und augenbrauen, dann zähne und zunge applizieren. zuletzt mit weißem nähgarn die lichtpunkte auf auge und zunge mit zickzackstichen und weißem nähgarn aufnähen.

welches gesicht gefällt dir am besten?

alle drei! und für alle drei geht es so weiter: die beiden kreise r-a-r zusammensteppen, dabei eine 5 cm große wendeöffnung stehen lassen. teile wenden und rundum knappkantig absteppen, dabei die wendeöffnung schließen.

check

cool

hihi

GANZ SCHÖN ANHÄNGLICH

GRÖSSE: ø 10 cm

MATERIAL:

anhänger lachen und weinen: nickistoff in orange. 14 cm x 14 cm # baumwollstoff in orange. 14 cm x 14 cm # baumwollstoff in lila. 14 cm x 8 cm # filz in schwarz. 15 cm x 25 cm # filz in rot. 2 cm x 5 cm # filz in weiß. 2 cm x 10 cm # filz in türkis. 10 cm x 10 cm # vlieseline h 250. 14 cm x 14 cm # vliesofix. 10 cm x 30 cm # baumwollschrägband in türkis. 2 cm breit. 40 cm lang # karabinerhaken in silber. 10 mm x 38 mm # füllwatte. rest # passendes nähgarn

anhänger sonnenbrille: baumwollstoff in gelb. 14 cm x 14 cm # baumwollstoff in orange. 14 cm x 14 cm # filz in schwarz. 15 cm x 10 cm # filz in rot. 2 cm x 5 cm # glanzstoff in grau. 5 cm x 10 cm # vlieseline h 250. 14 cm x 14 cm # vliesofix. 10 cm x 30 cm # baumwollschrägband in gelb. 2 cm breit. 40 cm lang # karabinerhaken in silber. 20 mm x 38 mm # füllwatte. rest # passendes nähgarn

anhänger zunge raus: frottierstoff in gelb. 14 cm x 28 cm # filz in schwarz, 5 cm x 5 cm # filz in rot. 5 cm x 7 cm # vlieseline h 250. 14 cm x 14 cm # vliesofix. 11 cm x 11 cm # baumwollschrägband in gelb, 2 cm breit. 40 cm lang # karabinerhaken in silber. 20 mm x 38 mm # füllwatte. rest # passendes nähgarn # trickmarker

ZUSCHNITT: siehe Seite 37

wie mach ich den anhänger lachen und weinen?

zuerst das obere rückteil (= stirn) und das untere rückteil zusammennähen. naht auseinanderbügeln.

und das gesicht?

das wird dann als nächstes appliziert. papierträger vom vliesofix abziehen und mit geradstichen wie folgt gemäß schnitt auf das vorderteil applizieren: zuerst mund, augen und augenbrauen, dann zähne und zunge auf den mund. dann mund, augen und

augenbrauen auf das rückteil. tränen gemäß vorlagen auf die mundwinkel von vorder-/rückteil nähen, dabei an den tränen jeweils nur die dreiecke nähen, restliche tränenteile überstehen lassen.

wird gemacht! und weiter?

das baumwollschrägband an beiden längskanten knappkantig absteppen, karabinerhaken durchziehen, mittig umlegen und 1,5 cm unterhalb des karabinerhakens quer über das band steppen.

buhuuuuh

coool

hihi

und dann zusammennähen!

vorderteil und rückteil r-a-r heften (anhängerband und tränen liegen innen zwischen vorder- und rückteil, evtl. mit einigen stecknadeln fixieren) und bis auf eine kleine öffnung zum wenden zusammennähen.

achtung: tränen und band nicht in die seitennaht einnähen!

anhänger wenden, mit füllwatte ausstopfen und die öffnung mit handstichen schließen.

und wie geht der **anhänger mit sonnenbrille**?

papierträger vom vliesofix abziehen und brille sowie mund wie folgt gemäß schnitt auf das vorderteil applizieren: zuerst mund und brille, dann zähne und zunge auf den mund sowie brillengläser auf die brille.

coole sache. dann weiter wie beim anderen anhänger?

ja, ab hier weiter wie beim anhänger mit dem lachenden und weinenden gesicht.

jetzt will ich noch wissen, wie der **anhänger zunge raus** gemacht wird!

zuerst das gesicht applizieren: papierträger vom vliesofix abziehen und augen gemäß schnitt mit geradstichen aufnähen. mit trickmarker den mund aufmalen. zunge laut foto am aufgezeichneten mund anheften. mund mit zickzackstichen aus schwarzem garn nachnähen, dabei die zunge laut abbildung mitfassen.

hui, das war jetzt aber schnell gemacht. dann einfach weitermachen wie bei den anderen anhängern!

ZUSCHNITT:

anhänger lachen und weinen: alle teile für die applikationen sowie die tränen gemäß vorlage ohne nzg. übrige teile gemäß schnitt zuschneiden. dabei rundum je 1 cm nzg zugeben. # vorderteil 1x aus nickistoff (vlieseline lt. herstellerangabe auf die linke stoffseite der vorderseite bügeln) # unteres rückteil 1x aus baumwollstoff orange # oberes rückteil 1x aus baumwollstoff lila # applikationen: vorlagen auf vliesofix-papierseite aufzeichnen. grosszügig ausschneiden. auf die linken stoffseiten bügeln und wie folgt exakt ausschneiden: für vorderteil augen und augenbrauen 2x aus filz schwarz. mund 1x aus filz schwarz. zähne 1x aus filz weiß. zunge 1x aus filz rot. für rückteil stirn 1x aus baumwollstoff lila. augen und augenbrauen 2x aus filz schwarz. mund 1x aus filz schwarz # tränen: vorderseite 2x aus filz türkis. rückseite 1x aus filz türkis

anhänger sonnenbrille: applikationen für die augen gemäß vorlage ohne nzg. übrige teile gemäß schnitt zuschneiden. dabei rundum je 1 cm nzg zugeben # vorderteil 1x baumwollstoff gelb (vlieseline lt. herstellerangabe auf die linke stoffseite der vorderseite bügeln) # rückteil 1x baumwollstoff orange # applikationen: vorlagen auf vliesofix-papierseite aufzeichnen. grosszügig ausschneiden. auf die linken stoffseiten bügeln und exakt ausschneiden: sonnenbrille 1x aus filz schwarz. brillengläser 1x aus glanzstoff grau. mund 1x aus filz schwarz. zähne 1x aus filz weiß. zunge 1x aus filz rot

anhänger zunge raus: applikationen für die augen gemäß vorlage ohne nzg. übrige teile gemäß schnitt zuschneiden. dabei rundum je 1 cm nzg zugeben. # vorder-/rückteil 2x aus frottierstoff gelb (vlieseline lt. herstellerangabe auf die linke stoffseite der vorderseite bügeln). # applikationen: vorlagen auf vliesofix-papierseite aufzeichnen. grosszügig ausschneiden. auf die linken stoffseiten bügeln und exakt ausschneiden: augen 2x aus filz schwarz

SCHNITTMUSTERBOGEN 3A

SONNENSEITE

GRÖSSE: ø 60 cm (ohne Strahlen)

MATERIAL:

nickistoff in gelb. 90 cm x 140 cm # baumwollstoff in orange. 12 cm x 80 cm # baumwollnesselstoff. 65 cm x 130 cm # vlieseline h 250. 130 cm x 90 cm # reißverschluss in gelb. 60 cm lang # styroporgranulat. ca. 1 kg # füllwatte. 60 g # passendes nähgarn

ZUSCHNITT:

teile gemäß schnitt zuschneiden. dabei rundum je 1 cm nzg zugeben (vlieseline lt. herstellerangabe auf die linken stoffseiten bügeln) # vorderteil: 1x aus nickistoff gelb und vlieseline. jeweils im stoffbruch # rückteil: 2x aus nickistoff gelb und vlieseline. jeweils ohne stoffbruch # strahlen i: je 4x aus nickistoff gelb und baumwollstoff orange # strahlen ii: je 4x aus nickistoff gelb und baumwollstoff orange # kissenfüllung: vorder-/rückteil 2x aus baumwollnesselstoff im stoffbruch

SCHNITTMUSTERBOGEN 3A + 4A

zuerst die kissenfüllung arbeiten. dafür vorder-/rückteil aus baumwollnesselstoff r-a-r heften und rundherum, bis auf einen öffnung von ca. 15 cm, zusammennähen. kissen wenden, mit styroporgranulat befüllen.

die wendeöffnung nähe ich mit handstichen zu.

weiter mit der kissenhülle: reißverschluss r-a-r an die beiden rückteile nähen. reißverschluss etwas öffnen. je ein strahl I und II aus nickistoff gelb und baumwollstoff orange r-a-r an den aussenkanten zusammennähen. nzg knapp zurückschneiden. strahlen wenden und mit füllwatte ausstopfen.

fülle am unteren strahlenrand nicht zu viel füllwatte ein, sonst wird es schwierig beim annähen.

strahlen an den unteren strahlenrändern knappkantig zusammensteppen und gemäß schnitt r-a-r an das vorderteil nähen, abwechselnd zeigt der nickistoff gelb und der baumwollstoff orange nach oben. rückteil mit reißverschluss r-a-r an das vorderteil heften und zusammennähen. lass die sonne in dein herz!

...dann die nzg zurückschneiden, die kissenhülle wenden und befüllen. diese sonne scheint auch bei regenwetter!

tadaaaa
hurraa

I LOVE YOU

GRÖSSE: 50 cm x 40 cm

MATERIAL:

sommerjeans in blau. 55 cm x 140 cm # baumwollstoff in gelb. 18 cm x 18 cm # baumwollstoff in rot. 17 cm x 50 cm # baumwollstoff in weiß. 20 cm x 30 cm # baumwollstoff in schwarz. 6 cm x 12 cm # vliesofix. 45 cm x 50 cm # füllwatte. rest # passendes nähgarn # kisseninlett 50 cm x 40 cm # textilfarbe in rot

ZUSCHNITT:

alle teile für die applikationen gemäß vorlage ohne nzg. sprechblase gemäß schnitt zuschneiden. dabei rundum 1 cm nzg zugeben. übrige teile lt nachfolgenden angaben inkl. 1 cm nzg. wenn nichts anderes angegeben # vorderteil: 1 rechteck. 52 cm x 42 cm aus jeans # rückteil: 1 rechteck. 52 cm x 30 cm. 1 rechteck. 52 cm x 27 cm aus jeans # sprechblase: 1x und 1x gegengleich aus jeans # applikationen: vorlagen auf vliesofix-papierseite aufzeichnen. grosszügig ausschneiden. auf die linken stoffseiten bügeln und exakt ausschneiden: mittlere herzen 2x in rot. großes herz 1x in rot. herzaugen 2x in rot. mittlere lichtpunkte 2x in weiß. großer lichtpunkt 1x in weiß. Emoji-lichtpunkte 2x in weiß. zähne 1x in weiß. mund 1x in schwarz. buchstaben i und u je 1x in weiß

SCHNITTMUSTERBOGEN 2B

zuerst das motiv applizieren: papierträger vom vliesofix abziehen, Emoji-gesicht, herzen und buch-staben gemäß abbildung auf dem vorderteil auf-nähen. an den herzen zuerst die roten teile, dann die „herztränen" applizieren. am Emoji zuerst den gelben kopf, dann den mund und die roten herzen, zuletzt die herztränen und die zähne applizieren. rote zunge wie auf dem foto mit textilfarbe aufmalen.

toll sieht das aus. ab jetzt wird es einfacher!

jeans-rechtecke rundum mit zickzackstich versäu-bern. jeans-rechtecke der rückseite an je einer längs-seite mit einem saum versehen. dafür die längsseite 2x je 1,5 cm breit nach links umbügeln und knapp-kantig absteppen. nach belieben am rand mit einer 2. stepplinie versehen.

sieht hübscher aus mit der 2. stepplinie.

schnabelteile r-a-r legen und zusammennähen, da-bei den seitlichen rand noch offen lassen. schnabel wenden und leicht mit füllwatte ausstopfen. offene naht knappkantig zusammensteppen.

hurra, jetzt kann ich lustige geschichten erzählen.

rechtecke des rückteils an den längsseiten so links auf rechts übereinanderlegen, dass das entstandene rechteck genauso gross ist, wie das vorderteil-recht-eck. evtl. die äußeren je ca. 10 cm zusammennähen.

durch die öffnung der beiden rückseiten-rechtecke kann man später das kisseninlett einschieben.

an der linken seitlichen schmalkante des vorderteils das sprechblasenteil mit dem seitlichen rand ca. 3-4 cm vom oberen rand entfernt r-a-r auflegen und knappkantig feststeppen. vorder-/rückteil r-a-r aufeinanderlegen und an allen seiten zusammennähen.

kissen wenden und befüllen. lass dich drücken.

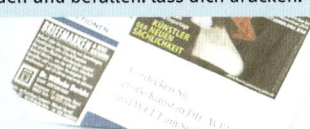

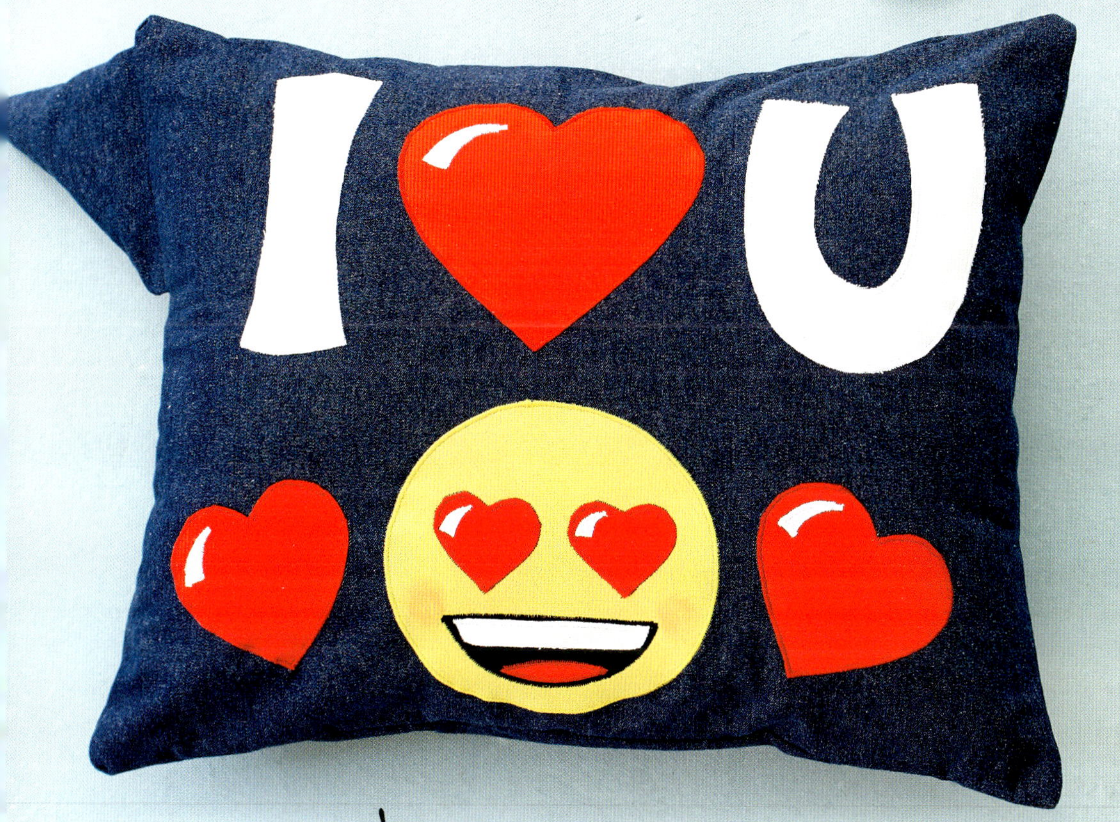

love love

TASTY 🍉 TÄSCHCHEN

GRÖSSE: ca. 19.5 cm x 11.5 cm

MATERIAL:

baumwollstoff in hellgrün. 15 cm x 50 cm # baumwollstoff in hellgrün mit weißen pünktchen. 15 cm x 40 cm # baumwollstoff in rot. 12 cm x 30 cm # baumwollstoffrest in dunkelbraun. ca. 10 cm x 20 cm # vlieseline h 630. 15 cm x 50 cm # vliesofix. 12 cm x 40 cm # reißverschluss in rot. 18 cm # passendes nähgarn und nähgarn in weiß

ZUSCHNITT:

alle teile für die applikationen gemäß vorlage ohne nzg. vorder-/rückteil gemäß schnitt zuschneiden. dabei rundum je 1 cm nzg zugeben # vorder-/rückteil je 2x hellgrün und aus vlieseline. vlieseline jeweils auf die linken stoffseiten lt. herstelleranleitung bügeln (= Außenseite) # vorder-/rückteil 2x hellgrün mit pünktchen (= Innenseite) # applikationen: vorlagen auf vliesofix-papierseite aufzeichnen. grosszügig ausschneiden. auf die linken stoffseiten bügeln und exakt ausschneiden: melonenhälfte 2x rot. melonenkerne 14x dunkelbraun

SCHNITTMUSTERBOGEN 2B

papierträger von den applikationen abziehen und die teile gemäß schnitt wie folgt applizieren: melonenhälften gemäß schnitt auf vorder-/rückteil der außenseiten. melonenkerne gemäß schnitt auf die melonenhälften.

> hm, mir läuft schon das wasser im munde zusammen.

rundungen der melonenhälften laut abbildung mit zickzackstichen in weiß 1x auf dem roten, 1x auf dem hellgrünen stoff nachnähen.

> als nächstes bestimmt den reißverschluss einnähen.

genau. den reißverschluss r-a-r auf den oberen rand von vorderteil der außenseite legen. oberen rand von vorderteil der innenseite r-a-r passgenau oben auf legen und alle 3 teile knappkantig mit dem reißverschlussfuß zusammensteppen. das ganze aufklappen, links auf links legen.

> und zuerst mal vorsichtig bügeln.

den oberen rand der rückseiten genauso an die 2. seite des reißverschlusses nähen.

> verschluss ist fertig!

vorder- und rückseite der aussenseite und der innenseite jeweils r-a-r genau aufeinanderlegen. reißverschluss ca. zur hälfte öffnen. rundungen von vorder- und rückseiten zusammensteppen, dabei beim futter ca. 10 cm zum wenden offen lassen.

halt! bei den reißverschlussübergängen solltest du ganz langsam nähen!

nzg bis knapp an die naht einschneiden, dann das täschchen wenden. wendeöffnung schließen und das täschchen nochmals vorsichtig bügeln.

sweet

43

SÜSSE TRÄUME!

GRÖSSE: 21 cm x 10 cm

MATERIAL:

baumwollstoff in türkis mit sternchen (stoff a). 15 cm x 100 cm # baumwollstoff in hellblau mit pünktchen (stoff b). 10 cm x 25 cm # baumwollstoff in gelb (stoff c). 7 cm x 15 cm # baumwollstoff in schwarz (stoff d). 5 cm x 5 cm # vliesofix. 15 cm x 40 cm # passendes nähgarn und nähgarn in schwarz und orange # gummiband in weiß. 2 cm breit. ca. 35-40 cm lang (bitte individuell abmessen!) # trickmarker # sicherheitsnadel

ZUSCHNITT:

alle teile für die applikationen gemäß vorlage ohne nzg. vorder-/rückteil gemäß schnitt zuschneiden. dabei rundum je 1 cm nzg zugeben. kopfband ist inklusive 1 cm nzg angegeben # vorder-/rückteil 2x aus stoff a # kopfband: 1 streifen 4.5 cm x 50 cm aus stoff a # applikationen: vorlagen auf vliesofix-papierseite aufzeichnen. grosszügig ausschneiden. auf die linken stoffseiten bügeln und exakt ausschneiden: innenteil 1x aus stoff b. gesicht 2x aus stoff c. mund 2x aus stoff d

SCHNITTMUSTERBOGEN 1B

papierträger vom vliesofix abziehen und die teile wie folgt auf das vorderteil applizieren: zuerst innenteil auf das vorderteil applizieren. dann gesichter auf dem innenteil. mund auf die gesichter.

kann nicht einschlafen?

augen, augenbrauen und die „z" mit dem trickmarker gemäß schnitt auf die gesichter und das innenteil zeichnen und mit garn in schwarz bzw. orange mit zickzackstichen nachnähen.

träum süß!

streifen vom kopfband an der längsseite r-a-r aufeinander legen und die längsseiten zusammen-

nähen. streifen wenden und rundum knappkantig absteppen. gummiband am kopf abmessen (21 cm für das vorderteil abziehen) und mit hilfe der sicherheitsnadel in den entstandenen tunnel ziehen, dabei wird dieser gerafft.
die enden zunähen, damit das gummiband nicht mehr herausrutschen kann.

jippi, damit passt die schlafbrille genau um meinen kopf.

enden des kopfbandes r-a-r an die markierung des vorderteiles legen und anheften. kopfband evtl. etwas zusammenraffen und mittig mit einigen stecknadeln fixieren.

ZZZZZ...
ZZZZZ...

dadurch besteht beim zusammennähen von vorder-/ rückteil nicht die gefahr, dass das kopfband an unerwünschten stellen versehentlich mit genäht wird.

rückteil r-a-r auf das vorderteil legen und beide teile zusammennähen, dabei am oberen rand ein stück zum wenden offen lassen. stecknadeln entfernen. brille wenden. öffnung schließen. brille rundum schmalkantig absteppen.

gute nacht!

SO WIRD'S GEMACHT

APPLIKATIONEN

MATERIAL:
Stoffreste, Vliesofix, evtl. Papiervorlage, Stoffschere, Bügeleisen

1 die vorlage spiegelverkehrt auf vliesofix übertragen.

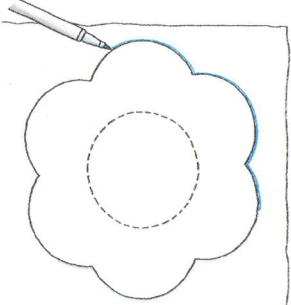

... nicht auf die seite mit den klebepunkten!

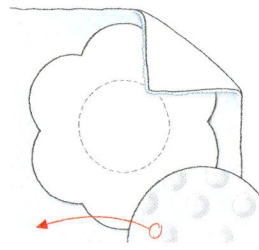

3 mit einer stoffschere an der markierung ausschneiden...

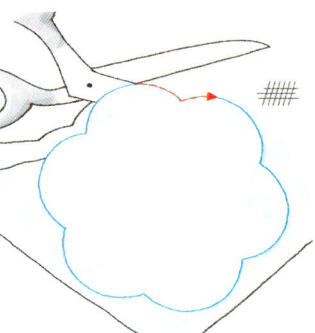

... und zwar auf die glatte seite

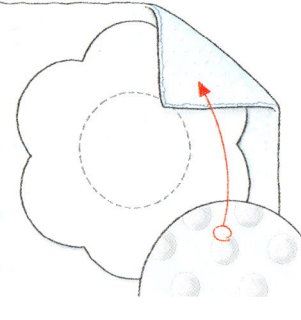

2 das vliesofix auf linke stoffseite mit der klebeseite nach unten aufbügeln.

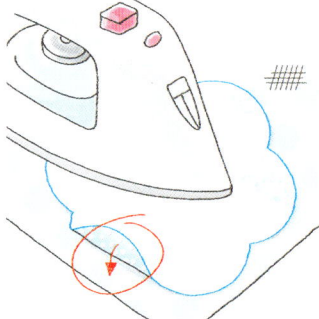

4 ... und die folie vom vliesofix abziehen.

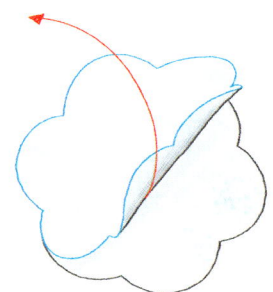

5 dann die applikation auf die rechte stoffseite des trägerstoffs auflegen und bügeln.

6 einen zickzackstich mit einer breite von 3-5 mm und einer länge von 3-7 mm einstellen.

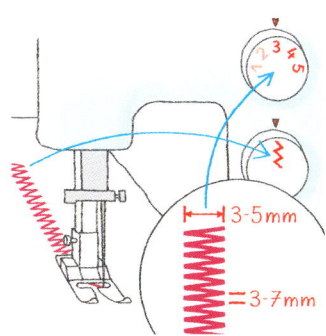

7 die applikation entlang der konturen aufnähen, dabei ...

... leicht über die kante nähen

... und nicht nur entlang der kante nähen!

AUTORINNEN

Birgit Kaufmann erblickte 1982 in der Nähe von Regensburg das Licht der Welt, wo sie heute mit ihrer Familie lebt. Durch ihre Arbeit als Erzieherin kann sie ihre kreativen Ideen gut mit Kindern ausprobieren.

Eva Scharnowski nähte bereits mit fünf Jahren an der Nähmaschine ihrer Mutter und seit dieser Zeit ist die Leidenschaft zu Stoffen und Nähmaschinen ungebrochen. Mit der Kunsthändlerausbildung und dem Textildesignstudium war der Weg zur Designerin für Deko-, Bekleidungs- und Automobilstoffe nicht mehr aufzuhalten.

ABKÜRZUNGEN

l-a-l = links auf links
nzg = nahtzugabe
r-a-r = rechts auf rechts
r-a-l = rechts auf links

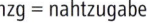 

DANKE!

Wir danken den Firmen Westfalenstoffe AG, Münster; Prym Consumer Europe GmbH, Stollberg; Rayher Hobby GmbH, Laupheim und Buttinette Textil-Versandhaus GmbH, Wertingen.

TOPP – Deine Servicegarantie

WIR SIND FÜR EUCH DA! Bei Fragen zu unserem umfangreichen Programm oder Anregungen freuen wir uns über deinen Anruf oder deine Post. Lobe uns, aber scheue auch nicht, uns deine Kritik mitzuteilen – sie hilft uns, ständig besser zu werden.

Bei Fragen zu einzelnen Materialien oder Techniken wende dich bitte an unseren Kreativservice, Frau Erika Noll.

mail@kreativ-service.info
Telefon 0 50 52 / 91 18 58

Das Produktmanagement erreichst du unter:

pm@frechverlag.de
oder:
frechverlag
Produktmanagement
Turbinenstraße 7
70499 Stuttgart
Telefon 07 11 / 8 30 86 68

LERNE UNS BESSER KENNEN! Frage deinen Hobbyfach- oder Buchhändler nach unserem kostenlosen Magazin **Meine kreative Welt**. Darin entdeckst du dreimal im Jahr die neuesten Kreativtrends und interessantesten Buchneuheiten.

Oder besuche uns im Internet! Unter **www.topp-kreativ.de** kannst du dich über unser umfangreiches Buchprogramm informieren, unsere Autoren kennenlernen sowie aktuelle Highlights und neue Kreativtechniken entdecken, kurz – die ganze Welt der Kreativität.

Kreativ immer up to date bist du mit unserem monatlichen **Newsletter** mit den aktuellsten News aus dem frechverlag, Gratis-Anleitungen und attraktiven Gewinnspielen.

IMPRESSUM

FOTOS: frechverlag GmbH, 70499 Stuttgart; lichtpunkt, Michael Ruder, Stuttgart
PRODUKTMANAGEMENT: Eva-Barbara Zirn
LEKTORAT: Regina Bühler, Oberkirch
TEXTE: Sabine Hausmann, Aachen
LAYOUT: Nakischa Scheibe
SATZ: Petra Theilfarth
DRUCK: GPS Group GmbH, Österreich

1. Auflage 2016

© 2016 **frechverlag** GmbH, Turbinenstraße 7, 70499 Stuttgart

 © 2015 – 2016 emoji company GmbH. All rights reserved. Licensed by Bavaria Media GmbH.

ISBN 978-3-7724-6465-2 · Best.-Nr. 6465